Oc
908

RÉFUTATION

DU PAMPHLET

DE M. LE Vte DE CHATEAUBRIAND.

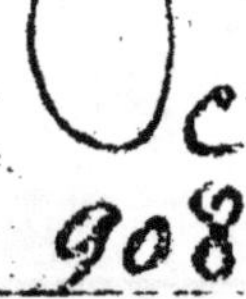

IMPRIMERIE DE P.-F. DUPONT, HOTEL DES FERMES.

RÉFUTATION

DU PAMPHLET

DE M. LE Vte DE CHATEAUBRIAND,

SUR LES

RÉVOLUTIONS D'ESPAGNE,

Par Don Sébastien MIÑANO.

(TRADUCTION DE L'ESPAGNOL.)

PARIS,

CHEZ {
CORRÉARD, libraire, Palais-Royal, galerie de bois;
BRISSOT-THIVARS, libraire, rue Neuve-des-Petits-Champs, n° 22.
}

Et à Madrid, en espagnol, chez RANZ, libraire, rue de las Carretas.

1820

AVERTISSEMENT
DE L'AUTEUR.

—

Il existe une classe de lecteurs qu'il est facile de séduire en s'adressant à leur *imagination*. C'est par là que M. le vicomte de Chateaubriand s'est fait une grande renommée. Après avoir publié des ouvrages dont plusieurs ont obtenu l'honneur d'être traduits en diverses langues, voilà tout-à-coup M. le vicomte qui se met à déraisonner avec une merveilleuse assurance sur les questions les plus simples ! Etonnante bizarrerie de l'esprit humain ! Notre manière de voir les objets dépend toujours de notre position, qui varie elle-même sans cesse, et nos opinions successives ne sont qu'une contradiction perpétuelle.

A telle époque, qui commence à s'éloigner de nous, le nom de Chateaubriand acquit une sorte de célébrité : les uns vantaient sa prose *ossianique ;* d'autres, la nouveauté des sujets dont il s'était emparé ; tous s'accordaient à voir en lui un écrivain qui ne manquait pas d'originalité. Heureux si la fécondité de sa plume se fût arrêtée avant la naissance de son déplorable *poëme des Martyrs !* La pureté de son goût, la solidité de son jugement pouvaient bien être contestées ; mais on aimait à rendre justice à sa brillante imagination. Il y avait mieux encore : l'écrivain seul s'était montré; l'homme n'était pas connu. Aussitôt que des secousses inespérées appelèrent à la fois et l'homme et l'écrivain sur le théâtre du monde, un moment a suffi pour les faire juger l'un et l'autre.

L'éclat phosphorique du style a vainement protégé la vanité du raisonnement; le déclamateur politique a fait la disgrâce de l'homme de lettres.

Peu nous importerait toutefois l'opinion plus ou moins favorable qui s'attache à M. de Chateaubriand parmi ses compatriotes, si la funeste activité de son génie ne lui eût inspiré la tentation de se mêler de ce qui se passe en Espagne; s'il n'eût pas écrit ce dégoûtant pamphlet qu'il nous a fallu lire et traduire pour ainsi dire malgré nous. Certes, plus d'une fois nous avons suspendu ce travail et rejeté la feuille impertinente avec indignation. Comment supporter en effet la lecture de ces absurdités, qui seulement pouvaient être accueillies dans *le Conservateur?*

Si les hommes vendus à une faction *conservaient* du moins un reste de pudeur, ils auraient quelques droits à de certains égards de la part de ceux qu'ils offensent, puisque enfin, tout en courant après leur but, ils ne négligeraient pas de couvrir des formes de la bienséance la malignité de leurs provocations. Mais lorsque non contens de faire parade d'un *servilisme* d'autant plus méprisable qu'il est évidemment intéressé, ils ne rougissent pas de manifester une opposition scandaleuse aux progrès de la raison et du siècle, le lecteur le plus impartial éprouve une émotion dont il n'est pas le maître, et la réfutation doit s'armer d'une sévérité sans ménagement.

Que M. le vicomte ne soit donc pas étonné si dans cet examen de son écrit sur l'Espagne il est traité de la même manière qu'il traite tout ce qu'il y a de raisonnable en France ou parmi nous. Le ton que nous prenons avec lui n'est qu'une juste représaille, et nous resterons encore bien au-dessous de la hauteur à laquelle il s'est élevé.

Nous mettons d'abord le texte littéral du pamphlet sous les yeux du lecteur pour qu'il soit en état d'apprécier nos réflexions.

DE L'ESPAGNE.

La faction qui menace les trônes vient de s'agiter de nouveau. Si elle n'a pas réussi dans ses projets (1), ce n'est ni la faute de nos révolutionnaires, ni conséquemment celle du ministère qui leur prêtant son appui, devient par cela même, le protecteur de toutes les insurrections contre les Rois.

Dès le mois de novembre dernier, on fut instruit que les démocrates de France, unis aux *buonapartistes* et secondés des *radicaux anglais*, préparaient un mouvement en Espagne. Ils y faisaient entrer en fraude des livres impies et des brochures séditieuses; ils envoyaient devant eux leurs doctrines, comme on fait marcher des sapeurs à la tête d'une armée pour tout battre. De l'argent et des émissaires avaient été expédiés par le comité directeur; on savait dans

---

(1) Monsieur de Chateaubriand commence par affirmer que de l'entreprise conçue par une partie de l'armée expéditionnaire, et dont le but était de rappeler au roi la solennelle promesse qu'il avait faite à la nation n'a pas réussi : cette partie de l'armée espagnole n'était, d'après l'opinion de M. le vicomte, qu'une faible fraction de la multitude de factieux répandus en Espagne et en France. Ces factieux, dit-il, ne sont pas seulement unis entre eux, ils ont aussi d'étroites liaisons avec les *buonapartistes* et avec les *radicaux* anglais; n'osant pas tout-à-fait avouer que sa pénétration a été en défaut, jusqu'au moment où les journaux apprirent à tout le monde ce qui cé passait en Espagne, il assure effrontément qu'il savait la chose depuis le mois de novembre dernier. Nous osons révoquer en doute cette assertion. Les paroles, les actions, le caractère de M. de Chateaubriand, et de ses amis prouvent assez que nul de ces messieurs n'hésite jamais à

quelles mains et dans quels lieux ces moyens de destruction étaient parvenus. La commotion devait se faire sentir à la fois à Valence , à Cadix, à Madrid , dans la Catalogne, dans les Galices, et principalement dans le voisinage des Pyrénées. La révolution tenait surtout à ouvrir une voie aux artisans de nos discordes, de même que la Mort, dans le poète anglais, trace un chemin de l'enfer à la terre , pour donner passage aux esprits de l'abîme.

Le capitaine général , instruit à temps, ordonna quelques mutations dans les garnisons de la Catalogne, de l'Aragon , de la Navarre et de la Biscaye, ce qui dérangea le plan des conspirateurs ; car en Espagne comme en France, les démocrates, désespérant de soulever le peuple , s'efforcent de corrompre les soldats.

---

dénoncer tout ce qui pourrait compromettre la sûreté des trônes légitimes S'il avait eu la moindre connaissance d'un complot de cette nature, M. le vicomte n'eût pas manqué d'en avertir tous les cabinets ; on aurait vraiment tort de l'accuser de négligence en pareille matière.... Or, de deux choses l'une, ou il aurait manqué de zèle, contre son habitude, ou il a tout ignoré ; cette dernière supposition ne blesse que l'amour-propre de M. de Chateaubriand. La première n'est pas soutenable : en effet, l'ignorance dans laquelle il était sur ce qui se passait en Espagne, est suffisamment constatée par la manière dont il explique le *non succès de la conspiration. Des dispositions et des changemens opportuns furent ordonnés par le capitaine général.* Quel est donc *ce capitaine général ?* M. de Chateaubriand croit-il que dans ce royaume un *capitaine général ,* ou *gouverneur de province,* ait le droit d'envoyer des garnisons de sa province dans une autre ? qu'il puisse disposer d'autres troupes que de celles qui sont cantonnées dans les limites de son gouvernement ? que *le capitaine général* de la Catalogne ne soit pas aussi indépendant de celui de l'Aragon, de celui de la Navarre, de celui de la Biscaye, que ceux-ci le sont à leur tour du capitaine général de la Catalogne ? Le pamphlet du vicomte fourmille tellement de bévues de cette espèce, qu'il serait trop fastidieux de les relever toutes.

Le fil de la trame coupé, l'insurrection n'a eu lieu que dans une très-petite partie des troupes d'embarquement à Cadix. Loin d'être surpris de ce mouvement, il faut s'étonner qu'il se soit borné à quelques corps. Que l'on suppose rassemblée sur le même rivage et dans les mêmes circonstances, toute autre armée européenne, et le feu de la sédition eût éclaté. Il ne faut rien moins que la religion, *la fidélité*, *la patience* (2) des soldats espagnols, pour qu'ils aient résisté en majeure partie aux séductions étrangères, quand des privations de toute espèce rendaient ces séductions plus puissantes.

Lorsque le bruit se répandit parmi nous qu'une révolution avait eu lieu en Espagne, la joie fut grande dans un certain monde. En effet, rien ne venait plus

---

(2) M. de Chateaubriand veut absolument être regardé comme le principal, le nécessaire soutien de la famille des Bourbons. Il loue abondamment notre souverain bien-aimé. Grâces lui en soient rendues. Nous n'avons rien à rabattre de ce qu'il en dit; mais les trésors de sa bienveillance se répandent sur le peuple espagnol, dont il exalte le caractère en tout ce qui peut s'adapter à ses vues de *servilisme*. Flagorneur adroit, malgré sa rudesse apparente, il accorde tout à quelques individus dont il a besoin; le reste est impitoyablement déshérité de la part qui lui est due. Ah! nous le remercierions bien sincèrement de l'excellente opinion qu'il veut bien avoir de la fidélité des soldats espagnols, s'il ne poussait même en ceci l'exagération à un tel excès, qu'il semble refuser absolument le même mérite aux soldats de tout autre pays. Toutefois, nous eussions désiré qu'il insistât un peu moins sur la vertu de *patience*, dont il veut nous gratifier exclusivement. Nos troupes sont estimées en Europe, sans doute; mille faits glorieux, attestés par l'histoire, prouvent que cette estime date de tous les temps : mais nous savons très-bien quelle est cette espèce de *patience* qui excite si fort l'admiration du noble vicomte, et nous répudions une partie de l'honneur qu'il veut nous en faire subir. Le soldat espagnol est un *homme*; il est plus, il est *citoyen*. Le *soldat* que M. de Chateaubriand admire, ne serait qu'une *machine*, un instrument passif entre les mains de la tyrannie.

à propos pour les ennemis de la légitimité. A l'aide de cette force auxiliaire, ils se flattaient de reprendre le terrain qu'ils avaient perdu. Le parti révolutionnaire avait obtenu de nos ministres deux choses admirables : la loi des élections et la loi du recrutement. La dernière, que favorisa d'abord une administration analogue, décomposait l'armée dans la même proportion que la première décomposait la nation ; de sorte que la Convention advenant eût trouvé des troupes conventionnelles. Mais cette merveilleuse conspiration de deux lois, était un peu déjouée par le renvoi de l'ancien ministre de la guerre, et par la menace d'une modification à la loi des élections. L'insurrection espagnole donnait l'espoir d'entraver ce mouvement rétrograde vers le bien. Déjà l'on s'écriait : « Nous l'a- » vions bien prévu ! Voilà ce que c'est que de s'oppo- » ser au progrès des lumières. Salutaire leçon pour » les Rois! »

Les petits pédans qui nous perdent, voyaient dans la prétendue ruine de Ferdinand VII, la conservation de leurs places, le triomphe de leurs fortes pensées, et la preuve incontestable de la spécialité de leur tête. Ils recevaient, avec une espèce de modestie, les complimens sur l'insurrection espagnole ; ils regardaient cette insurrection comme un coup du ciel qui venait nous éclairer sur leurs talens : la foudre chez les païens annonçait la présence des hommes chéris des dieux. La coterie en concluait qu'il fallait s'enfoncer plus que jamais dans le terrain de la révolution, poursuivre le système, achever d'anéantir les royalistes et les principes monarchiques. Quelle supériorité de raisonnement ! La démocratie nous dévore ; donc il faut nous livrer à la démocratie. Le Roi a été trahi au 20 mars ; donc il faut nous jeter dans les bras des traîtres. Politique de la couardise ! Lâche logique de ces hommes

impuissans qui prennent les tremblemens de la peur
pour les mouvemens du génie!

Les révolutionnaires, profitant du moment, voulaient accroître les troubles qu'ils avaient excités. C'est
une chose prouvée que les suppôts de la faction ont
demandé des passeports pour l'Espagne, aussitôt que
l'insurrection a été connue. Quelques-uns de ces
hommes ont eu la naïveté de s'adresser à une légation
étrangère qui n'a pas cru devoir favoriser leurs voyages
philantropiques. Que n'allaient-ils trouver les agens de
Fouché, employés dans les bureaux de notre police?
Ces citoyens éclairés les auraient volontiers nantis de
quelques faux actes, afin de contribuer à la propagation de la vérité.

Le coup était bien monté : on avait annoncé d'a-
vance la sédition; tous les journaux en France et dans
l'étranger racontaient spontanément les mêmes nouvelles; on les redisait dans le salon d'un ministre. On
donnait la liste des gardes du roi d'Espagne (3), qui devaient avoir été massacrés; apparemment de ceux qui

---

(3) M. de Chateaubriand se livre à son imagination; et,
suivant son habitude, il invente de nouveaux détails sur la
conspiration projetée en Espagne : il forge des anecdoctes;
sans respecter même la vraisemblance, il fait courir de main
en main une liste des noms des gardes-du-corps qui auraient
été égorgés.......... Quel que fût le plan de l'armée expéditionnaire de Cadix; jamais il n'entra dans l'esprit d'aucun
des militaires dont cette armée était composée, d'attenter en
aucune manière à la personne du roi, ni de maltraiter un
seul individu de sa garde : tout au contraire, ces mêmes gardes étaient alors et sont encore aujourd'hui parfaitement d'accord avec les guerriers constitutionnels, dans leurs sentimens
d'amour et de respect pour la personne de Ferdinand VII,
leur commun souverain, comme sur la nécessité d'une sage réforme dans le système du gouvernement. Pourquoi donc ou-
trager gratuitement la vérité, pourquoi parler avec tant d'assurance de ce que l'on ne sait pas? Pourquoi calomnier un
ministre du roi de France en disant que des nouvelles funestes
étaient avidement accueillies dans sa société particulière?

étaient portés sur la liste de proscription. Comme on ne doutait pas du succès, on allait jusqu'à publier le nom de vingt-deux victimes. Il était facile aux auteurs du complot d'en être les prophètes : ils voyaient les calamités futures dans leur plan, et lisaient les crimes à venir dans leur cœur.

Et remarquez la coïncidence de ce mouvement étranger avec le mouvement intérieur de la France (4).

Pourquoi ? pour être fidèle à la marche de la faction dont M. le vicomte s'est constitué l'apôtre et le faiseur littéraire.

Nous rendons nous-mêmes grâces au ciel qui nous a délivrés de l'humiliante qualification de *sujets*, sans nous avoir rien fait perdre de notre fidélité. Tout le contraire de ce que M. de Chateaubriand voulait et ne cessait de prédire est arrivé ; et l'Espagne est si peu voisine de sa ruine, qu'elle vient d'assurer sa prospérité. Que le noble vicomte donne l'essor à sa fureur prophétique, qu'il s'explique avec la *franchise* dont il se vante, et que si peu de gens reconnaissent en lui ; ce qu'il nous promet se réalisera comme tout ce qu'il a promis à l'Allemagne et à l'Angleterre. La nation qui suivra ses conseils en recueillera les fruits amers que la première de ces puissances a vu naître de son système, une guerre intestine dont l'issue ne peut qu'être funeste à l'ordre social.

(4) Certainement il y aura eu quelque agitation à Paris le jour où l'on apprit la nouvelle de la révolution espagnole, comme il est aisé de prévoir qu'on éprouverait une sensation très-vive à Madrid si l'on venait à savoir qu'une révolution de même nature s'est opérée en France. Ceux que vous appelez *ennemis de la légitimité*, n'attachent peut-être pas le même sens que vous à ce mot, et toutes vos injures n'éclaircissent pas la question. C'est beaucoup à leurs yeux, qu'un roi soit le fils légitime d'un autre roi; mais ils voudraient encore qu'un roi *légitime* gouvernât *légitimement*. Vous, M. le vicomte, et la plupart des *vôtres*, vous mettez les rois au-dessus de toutes les lois ; et vous avez vos motifs pour cela. Le souverain n'est pour vous que le dispensateur des grâces, des emplois, des honneurs, et nous le regardons comme le magistrat suprême de la nation. En cette qualité, l'obéissance aux lois est son premier devoir. Vous croyez que le trône n'est là que pour les *comtes*, les *ducs*, les *vicomtes* et les *marquis*; et nous voulons qu'il soit le protecteur de tous indistinctement; que

Il fallait forcer parmi nous l'opinion monarchique à re-
culer ; il s'agissait de sauver la loi des élections, et d'ar-

---

la plainte du pauvre, du simple laboureur, de l'honnête
artisan, soit écoutée avec autant de bienveillance que celle
du riche et du *pair* le plus vain de sa naissance et de sa
dignité. Enfin nous voulons que nos rois rendent chaque jour
plus *légitime* l'amour légitime que nous avons pour eux par
une *légitime* administration de la justice, par un respect religieux pour nos droits *légitimes*.

Vous abusez tellement de ce mot, qu'à force d'applications
fausses et de contradictions, il finirait par devenir inintelli-
gible ou presque ridicule. La haute pénétration de Sa Majesté
Louis XVIII, sentit de bonne heure ce double inconvénient.
Il vous éloigna de ses conseils et du ministère : *ils sont plus
royalistes que moi*, disait ce monarque éclairé ; et il avait
parfaitement raison. Combien son règne sera mémorable
s'il n'écoute jamais que les conseils de sa propre sagesse et
s'il maintient irrévocablement les grandes institutions qu'il a
données à la France, s'il méprise les cris importuns des courtisans qui s'agitent autour de son trône pour en dévorer toutes
les faveurs ; s'il conserve auprès de sa personne sacrée les ministres citoyens qu'une insolente faction ne cesse de calomnier !

Pénétrés d'une reconnaissance d'autant plus vive qu'elle est
un devoir pour des milliers de nos compatriotes, qu'il nous
soit permis de consigner ici le respectueux hommage de nos
vœux pour la félicité de S. M. T. C., puisque des brouillons
périodiques viennent à tous momens provoquer l'opinion des
Espagnols et choisir notre pays pour le texte de leurs déclamations indiscrètes. Les sophismes qu'ils ne cessent de mettre
en avant finiraient par séduire les meilleurs esprits ; l'un de
ceux qui se distinguent le plus parmi ces pamphlétaires, est
sans contredit le noble vicomte, qui possède au suprême degré
le talent du *libelle* : la mine intarissable de délations et d'injures qu'il ne cesse de fouiller, c'est la fameuse époque du
20 mars ; selon lui tout le monde est d'accord, tout le monde
sait qu'il y a eu *trahison manifeste* et *préméditée*. La France,
l'Espagne, l'Europe entière qualifient peut-être d'une autre
manière la conduite de l'armée française et du peuple français
à l'égard du roi légitime Louis XVIII. Ce monarque et tout
autre, quand ils sont malheureusement forcés à sortir de leurs
états qu'il n'est pas en leur pouvoir de défendre personnellement,
dégagent par cela seul, les citoyens d'un serment impossible
à tenir, et la masse des peuples obéit nécessairement à celui

réter la réorganisation de l'armée : dans ce moment critique, les chefs s'étaient décidés à descendre en champ-clos ; chacun d'eux a fait le coup de lance pour ramener la victoire. Le reste de la troupe secondait ces efforts ; les journaux révolutionnaires perdaient toute pudeur, les pétitions toute retenue ; une de ces dernières a osé parler de la *destitution* du roi : l'impudence dans un parti faible, est un moyen de force. Au reste, si toutes ces agitations n'ont pu donner consistance à l'insurrection d'Espagne ; si la faction buonapartiste, en général, n'a pas profité de tout ce bruit, les individus ont tiré parti de leur audace : tel homme a reçu pour tribut de la frayeur qu'il inspirait, pour récompense de sa loyale félonie, pour solde de l'arriéré de sa trahison au 20 mars, une somme suffisante pour faire rebâtir des villages vendéens, ou pour donner du pain à un millier de ces veuves royalistes qui reçoivent sept liards par jour.

Grâces à des sujets fidèles, la monarchie de Ferdinand VII a encore une fois échappé à sa ruine. L'Es-

---

qui s'empare de *fait* de l'autorité. Buonaparte se présenta (les outrages, dont il fut accablé par ceux qui n'avaient rien fait pour l'abattre, diminuaient l'horreur qu'il inspirait auparavant à tous les hommes libres) : il fut reçu avec une sorte d'enthousiasme ; il partit pour l'armée, fut vaincu à Waterloo, se rendit prisonnier aux Anglais ; Louis XVIII remonta sur son trône, et les Français lui obéirent de nouveau. Où est la trahison ? Elle n'existe que dans le cœur ulcéré de misérables qui, n'ayant jamais rien fait d'utile pour ce roi qu'ils compromettent par leur zèle fanatique, ne cherchent qu'à rouvrir des blessures à peine fermées, qu'à réveiller des haines mal assoupies. Les malheureux ne voient pas qu'ils creusent leurs tombeaux de leurs propres mains. N'a-t-il pas assez coulé de sang et de larmes pendant les premiers jours qui suivirent le retour du roi légitime ? N'avez-vous pas assez aliéné des cœurs prêts à s'unir à cette auguste et malheureuse famille ? L'histoire qui maudira vos noms, sera moins rigoureuse pour les victimes de ces temps déplorables.

pagne ne pouvant être agitée sans produire des troubles en Europe, il est utile de jeter un coup-d'œil sur la position de ce pays. Nous parlerons avec *sincérité*, parce que nous ne pouvons être que *sincères*. Déjà nous avons examiné la situation politique des gouvernemens de l'Allemagne et de l'Angleterre, indiqué des mesures de salut que nous avons eu le bonheur de voir prendre par ces mêmes gouvernemens; cet heureux hasard nous inspire quelque confiance. Dans tous les cas, si nous nous trompions sur l'Espagne, elle nous le pardonnerait en faveur de la justesse de nos anciennes prédictions : jadis nous annonçâmes sa réapparition glorieuse sur la scène du monde, et nous osons encore lui promettre de nobles et longues destinées.

Trois partis (5) sont connus aujourd'hui en Espagne : celui des Cortès, celui du roi Ferdinand, celui de l'usurpateur Joseph. Le parti des Cortès se compose des Espagnols qu'une éducation plus moderne a mis en rapport avec des mœurs étrangères. Il existe principalement dans les villes de commerce et dans les universités; il a aussi un certain pouvoir parmi les officiers qui, dans l'absence du Roi, ont servi sous les ordres des Cortès. Une autre cause a favorisé cette influence.

---

(5) L'énumération des partis que M. de Chateaubriand voit en Espagne serait exacte, si une seule fois en sa vie l'aveuglement de la passion ne lui faisait exagérer la vérité même. Mais il est impossible qu'un *ultra-royaliste* raconte les faits tels qu'ils sont; la modération n'entre pas plus dans son caractère que le désintéressement. Le parti des *Cortès* se compose sans doute d'hommes d'une *éducation moderne*, c'est-à-dire d'hommes instruits, modérés, prêts à reconnaître ce qu'il y a de raisonnable en tel pays du monde que ce soit. Il est évident que s'ils n'avaient reçu que l'éducation de l'ancien régime, non-seulement ils auraient d'autres dispositions, mais de plus, qu'ils seraient pétris d'orgueil d'intolérance, et même très-ridicules.

Les Cortès avaient pourvu les officiers des bénéfices simples qui étaient venus à vaquer pendant l'occupation de l'Espagne : elles avaient aussi *rétabli les bénéfices militaires* (6). Au retour de Ferdinand, un homme

---

(6) La cause de la propagation des idées libérales est expliquée par M. de Chateaubriand d'une manière assez gaie ; cette découverte des *bénéfices militaires* est bien l'idée la plus originale qui puisse se loger dans un cerveau malade. D'où et comment le vicomte a-t-il pu tirer cette extravagance ? Les *Cortès* n'ont jamais donné de *bénéfices* pendant l'absence du roi ; ils ont voulu, tout au contraire, que les bénéfices ecclésiastiques vacans ne fussent conférés à personne, afin que le produit en fût versé dans le trésor public pour subvenir aux frais d'une guerre extrêmement dispendieuse. Les seuls bénéfices à charge d'âmes qu'il était essentiel de pourvoir, afin que les fidèles ne manquassent pas de pasteurs, furent exceptés de la suspension générale, et remplis successivement d'après les règles et usages de l'Église ; mais en *gratifier les officiers de l'armée !* l'idée n'en peut appartenir qu'à M. de Chateaubriand. Et quelle confiance doit inspirer dans ses assertions dont il est plus difficile d'examiner les preuves, un écrivain capable d'en imposer avec tant d'effronterie sur un fait aussi notoire ! Le noble vicomte a trouvé fort heureusement sous sa main *cet homme* (a) *dominé par une Française* (b) ; sans cela, je ne sais comment il se se serait tiré de son épisode des *bénéfices militaires*.

Le *parti prétendu du roi*, tel que le suppose M. de Chateaubriand, était et fut toujours si mince qu'à peine il doit s'appeler un parti

Le vicomte qui ne voit que *partis* et *factions*, s'imagine que tous les hommes méditent sans cesse des complots et le *bouleversement* de l'ordre établi. Il ne sait pas que l'immense majorité des habitans d'un pays, quel qu'il soit, s'occupe de soins de tout autre nature. Les intrigans, dont l'existence est fondée sur celle des abus, les ambitieux dont l'âme est toujours inquiète ; voilà ceux qui ne rêvent que *partis*, et qui ne songent qu'à s'en faire tour-à-tour les complices ou les dénonciateurs ; mais le laboureur paisible, l'artiste industrieux, l'homme de lettres digne de ce nom, l'utile commerçant, savent mieux employer les heures de la vie ; ils sont générale-

---

(a) Le ministre Macanaz.
(b) La dame Petit.

que gouvernait une Française intrigante, au lieu de régulariser l'affaire en cour de Rome, trafiqua des bénéfices. Le roi s'en aperçut, et punit le prévaricateur ; mais le mal était fait, et les bénéfices avaient changé de mains. Venons au parti du roi.

Ce parti, si on peut l'appeler ainsi, est tout simple-

---

ment étrangers à ces dangereuses associations. En Espagne, comme partout, le nombre de ceux qui prennent feu dans les affaires publiques, est excessivement borné. La masse des citoyens ne fait que céder à l'impulsion donnée. C'est ce qui arriva au moment du retour de Ferdinand VII. Ce même peuple qui avait reçu avec plaisir la constitution, et qui commençait à s'y soumettre, se la laissa ravir, sans opposer la moindre résistance ; il n'avait pu l'apprécier en si peu de temps, les idées générales ne s'étaient point encore identifiées avec les nouvelles institutions. Enlevez à un enfant une pierre précieuse, dont il ignore le prix, il s'en console avec un *joujou* d'une valeur assurément bien inférieure. Cependant, oserait-on dire que toute la nation espagnole se jeta dans le parti de Ferdinand VII, de la manière dont *Chateaubriand* voudrait l'entendre et nous le persuader ! Ferdinand VII, par lui-même, par sa naissance, par ses malheurs fut et sera toujours notre idole, mais le roi d'Espagne, tel que des courtisans perfides le présentèrent à la nation humiliée, ne pouvait compter sur l'affection sincère d'aucun habitant de la péninsule.

Le troisième parti dont parle Chateaubriand, et sur lequel il épuise toute la richesse de ses pinceaux, renferme un nombre considérable d'Espagnols, qui, jusqu'à ce moment, n'ont pas été jugés avec assez d'impartialité. Ce parti est d'autant plus à plaindre qu'on n'a pas encore voulu apprécier les véritables principes, d'après lesquels il s'est généralement conduit. On a seulement fixé l'attention sur quelques-uns de ceux qui figuraient plus ou moins dans ses rangs. C'est vouloir juger d'un ouvrage entier par des phrases détachées. Cette méthode est sujette à mille fausses interprétations. Elle peut signaler des erreurs et même des propositions criminelles, là où, après un examen général, on découvrirait des vérités utiles et des principes incontestables. Il serait superflu d'entreprendre ici la justification de ces infortunés, lorsqu'une plume inimitable a déjà si victorieusement écrit en leur faveur, en invoquant pour eux les axiomes éternels du droit

ment la nation presque entière, qui a reconnu l'autorité des Cortès commandant au nom du monarque, durant sa captivité, mais qui, lorsque ce monarque a repris son sceptre, s'est soumise à la volonté royale, et n'a plus obéi aux Cortès séparées de la couronne.

Enfin, le troisième parti est une petite troupe attachée à la fortune du frère de Bonaparte.

Les hommes des deux premiers partis sont donc, de véritables Espagnols, également dévoués à leur patrie et fidèles à leur souverain. Ils ne différaient entre eux, dans le principe, que parce que les uns voulaient une constitution nouvelle, et que les autres ne pensaient pas en avoir besoin. Mais dans la suite, le parti

public et de la raison universelle (a). Mais nous dirons au moins à leur nouvel antagoniste que leur adhésion à *Joseph* fut en général plus noble et plus désintéressée que la sienne à la fortune de Bonaparte.

Car, abstraction faite pour un instant des qualités particulières de ces deux personnages, la transition du gouvernement qui pesait sur l'Espagne à la fin du règne de Charles IV, à celui qui semblait promettre des garanties libérales, et qui commençait par l'abolition des abus les plus révoltans, ne devait-elle pas être moins pénible pour les Espagnols, que celle de la liberté sous le directoire, à la tyrannie sous Bonaparte, ne dut l'être pour les Français? Quel prestige plus séduisant pour des hommes éclairés que la suppression inespérée du saint-office, et la réforme des institutions monacales? Châteaubriand reconnut, servit, félicita Napoléon; il devrait, au moins par pudeur, s'abstenir de reprocher aux autres une faiblesse qu'il a partagée; si l'éclat de la victoire a pu fasciner les yeux d'un Français, les compatriotes du Cid, assez riches de gloire militaire, n'auraient point à rougir d'avoir préféré la conduite modérée de *Joseph* aux qualités redoutables de son frère.

(a) Le savant don F. J. R., dans son ouvrage intitulé *Examen des délits d'infidélité envers la patrie, attribués aux Afrancesados.* Cet excellent ouvrage doit être considéré comme un cours de droit public plutôt que comme un écrit de circonstance; il fut sévèrement prohibé par *l'inquisition* pendant les derniers accès de fureur qui précédèrent la chute de ce tribunal ennemi de toutes les lumières.

des Cortès, qui se croyait un droit particulier à la reconnaissance du monarque, et qui s'est vu trompé dans ses systèmes, est malheureusement devenu rebelle. Ses passions, comme il arrive toujours, l'ont poussé hors de ses principes. Il s'est répandu en invectives contre ceux qui s'étaient soumis sans conditions à l'obéissance de Ferdinand, il a qualifié les Espagnols royalistes, du titre injurieux de *servilès*; titre qu'il avait d'abord donné aux partisans de Joseph, connus d'ailleurs par le nom méprisant de *Josephinos*. Enfin, ce parti a pris pour lui-même la dénomination de *liberalès*, et cherchant un dangereux appui, il a fait alliance avec nos révolutionnaires.

Et cependant, par le fait, rien ne diffère davantage des libéraux français que les *liberalès* espagnols. Les *liberalès* sont des hommes religieusement dévoués au culte de leurs pères. Le chapitre 2 du titre II de leur constitution, portait : *Que la religion de la nation espagnole est et sera à jamais la religion catholique, apostolique et romaine, la seule véritable. Que la nation la protége par des lois sages et justes, et prohibe l'exercice de toute autre.* Par l'article 47, chapitre 3 du titre III, ils ordonnaient une messe du Saint-Esprit dans les assemblées électorales. Par l'article 1er. du titre IV, *ils faisaient jurer au Roi, au nom de Dieu et sur les saints Évangiles, de défendre et de conserver la religion catholique, apostolique et romaine, de ne permettre l'exercice d'aucune autre religion dans le royaume.* Les *libéralès* espagnols sont de sincères Bourbonistes, des champions du gouvernement de *droit*, qui ont sauvé la légitimité de l'usurpation, défendu la liberté contre la tyrannie, maintenu le pavillon royal sur les terres d'Espagne, et conservé le trône à leur maître.

Les libéraux de France, zélateurs du gouvernement de fait, ont persécuté la religion catholique, proscrit

(18)

leur roi légitime, livré à un usurpateur despote, les libertés publiques et la couronne des Bourbons.

Quant aux *Josephinos* bannis par le roi et frappés
d'un décret des Cortès, ils comptent sans doute parmi
eux quelques hommes de mérite et d'autres hommes
plus faibles que méchans; mais il faut les plaindre en
général, d'avoir été également étrangers aux défauts
et aux qualités de leur pays: ils ont manqué à l'orgueil
natif et à la fidélité nationale. On conçoit qu'on ait pu
être trompé par Buonaparte. Cet homme qui, du haut
d'un roc au milieu de l'Océan, voit comme un mau-
vais génie, les maux qu'il a laissés après lui sur la terre;
cet homme de bruit, dont le nom faisant le tour du
monde, revient aux Arabes par la mer Rouge comme
il leur était arrivé par la mer d'Egypte; cet homme,
le plus connu des hommes qui aient jamais existé, peut-
être parce qu'il est de tous les hommes celui qui a versé
le plus de sang humain; cet homme, disons-nous, avait
en lui un principe de séduction : en le servant, on
pouvait croire servir la gloire. Mais trahir son pays
pour Joseph! aller chercher un Claude en Corse, pour
lui donner avec la couronne de Charles-Quint, le
glaive du Cid, et pour lui livrer des prostituées sur le
tombeau de Chimène!

(7) Le roi d'Espagne est aujourd'hui l'objet de la haine

---

(7) Oui, le roi Ferdinand n'a cessé d'être l'objet de
calomnies trop souvent reproduites par les journaux et libelles
étrangers. Et plût à Dieu que la lecture ne nous en eût pas
été interdite! Nous eussions répondu avec dignité, nous
eussions confondu les auteurs de ces calomnies. Mais, de
toutes ces injures, aucune ne lui a été pl : sensible que celle
de l'avoir supposé capable de se complaire dans un aveugle
despotisme dont quelques *ultras* espagnols doivent seuls subir
la responsabilité morale. Ces misérables, nourris des mêmes
maximes que les *ultras* français, eussent voulu persuader au
peuple que toutes les mesures de persécution et de *flodalisme*
étaient conformes à l'intention, aux vœux personnels de
Ferdinand VII. Ce nom auguste servait de prétexte à leurs

et de la calomnie de nos révolutionnaires, qui sont les pères de tous les révolutionnaires de l'Europe, et qui, ayant pour berceau l'échafaud de Louis XVI, forment une espèce de race noble et de branche aînée dans la famille des criminels. Ils sont d'autant plus acharnés contre Ferdinand, qu'ils poursuivent en lui la monarchie, la légitimité et les Bourbons. Juste et vraie, l'Espagne sait mieux ce qu'elle doit au sang de Louis XIV : elle a retrouvé, sous une illustre race (8),

---

vues d'ambition ou de vengeance particulière. Ils osèrent peindre le roi, sous les traits d'un Tibère ; et grâces à leurs récits imposteurs, les nations étrangères crurent à la ressemblance. Ainsi Ferdinand VII fut flétri en Europe, mais aussitôt que le monarque a pu sortir de l'erreur dans laquelle on le tenait plongé, quelle idée toute différente ne nous a-t-il pas donnée de son véritable caractère ! Il s'est mis sur-le-champ à la tête des nouvelles institutions ; il les a sanctionnées par ses décrets où respire la franchise de son âme généreuse ; son exemple est encore plus puissant que son autorité. Il confesse noblement que sa volonté, que son jugement avaient été surpris. Il nous prouve que pour devenir le meilleur des rois, il ne lui avait manqué que de connaître le gouvernement constitutionnel. Que lui importent désormais les flatteries guindées et absurdes de Châteaubriand, et tout ce vain étalage des bienfaits que l'Espagne doit aux premiers Bourbons ? Cette manie de louer le passé ne donne-t-elle pas à entendre que ne trouvant rien à dire du mérite du roi actuel, il a fallu le mettre sous la protection de celui de ses ancêtres ?

(8) Telle est la marche maladroite des éternels apologistes de Louis XIV, comme si les rois actuels d'Espagne et de France n'avaient d'autre recommandation que celle d'être les petits-fils de ce monarque ou de son aïeul... Personne ne rend plus de justice que nous aux vertus d'Henri IV, et même aux grandes qualités de Louis XIV ; mais nous croyons aussi que Louis XVIII et Ferdinand VII ont fait plus de bien au monde dans les quinze premiers jours de leur gouvernement constitutionnel que tous leurs prédécesseurs ensemble, dans une longue suite de siècles ; l'Espagne surtout nous offre une preuve en faveur de cette assertion. De quoi nous avaient servi tous ces réglemens, toutes ces ordonnances tendantes à favoriser l'agriculture ou l'industrie ? Avons-nous cessé un instant d'être le jouet et la vic-

une existence qu'elle avait perdue sous les faibles successeurs de Philippe II. A l'avénement de Philippe V à la couronne, l'Espagne ne comptait que six millions d'habitans : sa population doubla en moins de quatre-vingts ans : ses revenus triplèrent ; son armée et sa marine s'augmentèrent dans la même proportion : elle reprit en Europe son rang politique. Ferdinand VI rétablit l'ordre dans les finances espagnoles ; il fonda les sociétés d'encouragement pour les arts et pour l'agriculture ; il fit revivre les fabriques de draps de l'Andalou-

---

time de la France et de l'Angleterre? Qu'on cite une seule branche de notre industrie nationale qui ait joui de la moindre prospérité! Notre richesse, notre crédit ne sont-ils pas anéantis ? Quelle classe du peuple espagnol connaît aujourd'hui même les jouissances les plus nécessaires à la vie? Il y avait donc un vice radical dans toutes les dispositions décorées du titre pompeux de *protection suprême*; et il n'est pas difficile de l'indiquer : l'absence de la *liberté*, qui est l'âme de toutes les opérations humaines. Les prédécesseurs de nos rois actuels furent despotiques dans toute la force de l'expression; et loin que leur souvenir soit un titre honorable pour Louis XVIII ou Ferdinand VII, c'est au contraire aux vertus de ces deux princes à faire oublier le mal occasionné par leurs augustes devanciers. Telle n'est point assurément la manière de voir de M. le vicomte. Mais où sont ces manufactures de draps de l'Andalousie? D'où tire-t-il cette progression ascendante de 5 millions de piastres jusques à 27 dans les produits de l'Amérique (a)? Où est cet accroissement important de l'industrie de la Catalogne? Comment et quand se font ces chargemens de blés dans les ports de Galice pour approvisionner l'est de la péninsule? et que penser enfin de toutes ces erreurs en matière de géographie ou d'administration, dignes de figurer sur la même ligne que le péotique épisode des *bénéfices militaires ?* Voilà les résultats de cette fureur d'écrire sur tout, de prononcer sur tout, de se mêler de ce qu'on ignore complètement. S'il faut juger, par cette excursion historique en Espagne, de la confiance que doit inspirer l'*Itinéraire de Jérusalem*, les voyageurs crédules seront cruellement désapointés.

(a) Voyez le texte.

sie, du royaume de Valence et de Biscaye. Charles III ouvrit les canaux et les grands chemins de la péninsule, fonda les écoles militaires de Ségovie, d'Ocana, de Carthagène et d'Avila, remonta les belles fabriques de Ségovie et de Guadalaxara, et publia le fameux édit du commerce libre avec l'Amérique. Les colonies ont tellement prospéré sous le règne des Bourbons en Espagne, que le produit annuel de ses colonies, tant en exploitation des mines qu'en impôts divers, s'est élevé de trois millions de piastres à vingt-sept millions.

Le souvenir de cette prospérité a attaché à son roi légitime une nation loyale et reconnaissante. Que reprochent donc à Ferdinand VII nos révolutionnaires? D'avoir rejeté la constitution des Cortès, de mal administrer et d'administrer seul son royaume. Examinons ces griefs, dont se plaignent ces sanglans brouillons qui n'ont jamais rien établi, et qui ne se consolent de ne pouvoir plus tuer les rois, qu'en leur donnant d'insolentes leçons.

Ferdinand, en reprenant sa couronne, devait-il recevoir la constitution des Cortès? On va en juger par les principaux articles de cette constitution : mais, avant de les rappeler, nous ne pouvons nous empêcher de déplorer une de ces contradictions trop communes dans les institutions humaines. Comment se fait-il que les mêmes hommes qui défendaient le gouvernement de droit, aient décrété une constitution qui le renversait de fond en comble; que les mêmes hommes qui avaient établi en faveur du culte catholique, des principes qu'on pourrait accuser d'intolérance, soient tombés dans toutes les rêveries du *Contrat social?* Comment mettaient-ils tant de monarchie dans la religion et tant de démocratie dans la politique? C'est qu'au milieu de leur délire les *Libéralès* avaient quelques-unes de ces idées qui servent à fonder l'ordre social; différant encore en cela de nos libéraux qui, de tous les réformateurs modernes, sont les moins propres à établir la cité.

Quoi qu'il en soit, la constitution des Cortès n'était qu'une déplorable copie de nos constitutions révolutionnaires (9).

----

(9) M. le vicomte n'est pas plus heureux dans ses questions politiques que dans ses apologies et ses récits. L'analyse qu'il présente de la constitution espagnole nous entraînerait dans une foule de raisonnemens qu'il serait ridicule de suivre avec un écrivain qui n'a pas la moindre notion du sujet dont il veut parler. M. de Châteaubriand connaîtra probablement le *Génie du Christianisme*, mais il ne connaît pas celui de nos institutions. Dès le premier article, il est hors de la discussion. Si la *souveraineté* ne réside point dans la nation, où est-elle? Cette proposition le met en fureur; et pour toute réponse, il accuse ceux qui la soutiennent de vouloir bouleverser *la monarchie et la société toute entière*. Que dire à ce forcené qui se précipite dans l'arène sans la moindre connaissance du droit public, et cuirassé d'ignorance et d'orgueil? Il commence à se dépouiller de sa qualité d'homme, et veut nous imposer son exemple. C'est ainsi que le renard ayant perdu sa queue dans une affaire malheureuse, voulait à toute force persuader à ses confrères qu'ils devaient s'en défaire aussi. Il ne veut pas que les *Cortès* se rassemblent *d'office*, sans qu'il soit besoin qu'elles soient convoquées par d'autres qu'elles-mêmes. Il revendique cette faculté pour le roi; en effet, de cette manière les députés auraient tout le temps de se préparer à faire leur voyage. La dernière assemblée qui se réunit d'après cette méthode attend encore les *lettres closes* de Philippe II...

L'article 131, chapitre 7 du titre III, est un nouveau scandale pour M. de Châteaubriand : Où en sommes-nous, où allons-nous, s'écrie-t-il? *Les Cortès se rassemblent d'elles-mêmes; proposent la loi, l'interprètent, y dérogent en cas nécessaire!* Quelle abomination! Elles reçoivent du roi, du prince des *Asturies*, le serment de fidélité à la constitution, elles osent vouloir connaître ce qu'on paie et l'inversion des deniers publics, cela est horrible. Et vous appelez ce gouvernement, un *gouvernement monarchique!* Non; c'est une *révolte organisée*, dit M. de Châteaubriand.

Ne parlons pas de la témérité de songer à modifier l'organisation *ministérielle*, et qui plus est, de vouloir fixer le traitement des ministres, *mettre des bornes à la dépense*

L'article 1er., chapitre 1er., du titre Ier, de cette constitution, déclare que *la souveraineté réside dans la nation, à laquelle appartient en conséquence, le droit exclusif de donner des lois fondamentales.*

Ce seul article pourrait nous dispenser d'aller plus loin : c'est le renversement de toute monarchie, et même de toute société.

Les articles 102, 105, 106, 121 et 124, chapitre 6 du titre III, portent : *Que les Cortès se rassembleront chaque année dans la capitale du royaume ; que, si elles trouvent convenable de transporter leurs séances dans un autre lieu elles pourront le faire, pourvu que ce ne soit pas à plus de douze lieues de la capitale ; que leurs sessions dureront trois mois ; que, si le Roi ne peut pas assister en personne à l'ouverture des Cortès, le président ouvrira la séance au jour marqué, sans qu'aucun motif puisse y apporter aucun délai ; que le Roi entrera dans l'assemblée sans escorte, etc.*

Ainsi les Cortès se rassemblent, fixent le lieu de leurs séances, se séparent, sans convocation et sans ordre du Roi.

L'article 131, chapitre 7 du titre III, divisé en vingt-six paragraphes, dit que les attributions des Cortès sont :

De proposer et de décréter les lois, de les interpréter, et d'y déroger au besoin ; de recevoir le serment du Roi et du prince des Asturies ; de décréter la création et la suppression des places dans les tribunaux établis par la constitution, de même que la création et la suppression des emplois pu-

---

publique. . . . . . . c'est là ce qui a conduit le vertueux Louis XVI à l'échafaud. Le monarque serait encore sur le trône, si ses ministres eussent été plus largement payés, et surtout si M. de Chateaubriand eût été l'un de ses ministres.

blics ; de fixer chaque année, sur la proposition
du Roi, les forces de terre et de mer, de faire
des ordonnances pour l'armée de terre et de mer,
et pour la milice nationale dans toutes les bran-
ches qui les composent, d'arrêter un plan général
d'instruction pour toute la monarchie, et d'approuver celui qui sera formé pour l'éducation du prince
des Asturies, d'approuver les réglemens généraux
pour la police et la salubrité du royaume.

Ainsi ce ne sont point les Cortès qui prêtent serment de fidélité au Roi, c'est le Roi qui prête serment
de fidélité aux Cortès. Le reste du chapitre consacre
l'invasion complète du pouvoir exécutif et la tyrannie
portée jusque dans la famille royale.

L'art. 157, chap. 10 du titre III, établit *l'autorité
continuelle des Cortès par une députation permanente composée de sept membres, qui dans l'inter-
valle des sessions, surveille le gouvernement :* est-ce
là de la monarchie ?

On voit par le chap. 8 du titre III, art. 12, que
si un projet de loi a été approuvé pendant trois sessions par les Cortès, est refusé par le Roi, il a force de
loi à la troisième approbation des Cortès, sans avoir
besoin de la sanction royale.

Par le troisième paragraphe de l'art. 171, chap. 1er,
du titre IX, qui règle les attributions du Roi, le Roi
déclare la guerre et fait la paix ; mais il en rend ensuite *un compte motivé et justificatif aux Cortès.* Le
Roi, par l'art. 172 du même chapitre ne peut, sous
aucun prétexte, *empêcher la convocation des Cortès aux époques et dans les circonstances prévues
par la constitution. Il ne peut plus les suspendre
ni les dissoudre. Le Roi ne peut sortir du royaume sans le consentement des Cortès : s'il le fait,
son absence sera regardée comme une abdication*

de la couronne. Le Roi ne se marie qu'avec le con-sentement des Cortès.

Au chapitre 6 du titre III, les Cortès fixent le nombre des ministères, et elles se *réservent le droit de faire des modifications dans cette organisation ministérielle;* elles règlent aussi *le traitement* des ministres.

Dans le chapitre 6 du même titre, il est dit que les conseillers d'Etat seront nommés par le Roi, *sur la proposition des Cortès;* que ces conseillers ne pourront être *destitués* sans une cause duement reconnue par le tribunal suprême de justice. Les Cortès règlent aussi le traitement des conseillers d'Etat.

Ne reconnaît-on pas dans tout ceci les mêmes principes, les mêmes institutions qui précipitèrent l'infortuné Louis XVI, la souveraineté du peuple, le *veto* suspensif, tous les pouvoirs réunis dans une seule Chambre ? Ferdinand eût été coupable envers sa couronne et son peuple, s'il eût accepté cette monstrueuse constitution : Roi avili, Roi détrôné.

Elle devait donc être rejetée : l'insolence avec laquelle elle fut offerte (10), aurait d'ailleurs suffi pour motiver le refus, et justifier l'indignation du monarque. De plus, cette constitution, outre ses vices radicaux destructeurs de toute monarchie, n'était, sauf la religion, dans aucun rapport avec les mœurs espagnoles. Soyons justes, toutefois : l'établissement d'institutions

____

(10) *L'insolente prétention des Cortès doit exciter la juste indignation de Ferdinand VII*, sans compter *la prétention plus insolente encore* de lui *faire reconnaître la constitution à son arrivée en Espagne en* 1814 ! Ah! s'il connaissait, M. de Chateaubriand, cet *insolent* qui fut chargé de présenter la constitution au roi, s'il savait comment cette qualification s'accorde avec le caractère de l'éminentissime cardinal archevêque de Tolède! Misérable déclamateur qui outrage ainsi le personnage le plus respectable et peut-être le plus vertueux de l'Espagne!

politiques raisonnables aurait pu devenir utile à Ferdinand. On doit peut-être regretter que le peu de mesure et de sens des Cortès aient obligé la couronne à se priver d'un appui naturel. Les rois les plus forts dans des circonstances difficiles, ont quelquefois besoin de secours. Les Français ont laissé en Espagne des traces qu'il n'est plus possible d'effacer : ils ont porté dans ces anciens royaumes des idées nouvelles ; ils ont fait sentir à la lenteur espagnole l'activité de notre génie et de notre génie armé (11). N'y avait-il aucun moyen de contenter le nouveau besoin des esprits, de faire au présent des concessions sans rompre la chaîne du passé, sans choquer les mœurs, sans détruire l'autorité des *traditions* (12) et la *vénérable législation des siècles ?* Peut-être aurait-on atteint ce but, en rétablissant les anciennes Cortès. Elles étaient tombées en désuétude, et par cette raison même, on aurait eu, en les faisant revivre, l'avantage de trouver une espèce de constitution nouvelle dans une ancienne institution.

----

(11) Nous n'avions pas besoin que les Français nous fissent sentir l'activité de leur *génie armé,* pour connaître les améliorations que notre état social rendait désirables et nécessaires. On n'eût pas mieux réussi à nous tromper par *des concessions ridicules qui eussent conservé,* suivant le vœu de Châteaubriand, *l'autorité des traditions* et la *vénérable législation des siècles.*

(12) De quelles traditions parle cet homme-là ? quelle est cette *législation vénérable des siècles ?* Ici des mots sonores remplacent les idées positives. Nos anciennes *Cortès* n'auraient été aujourd'hui qu'une assemblée ridicule à côté des Cortès nouvelles avec lesquelles il était impossible de les comparer. Cette convocation dérisoire eût précipité le déchirement : mal pour mal, encore vaut-il mieux le faire franchement et avec énergie. Les détours astucieux décèlent à la fois impuissance et perversité.

Les finesses machiavéliques sont usées ; elles sont bonnes pour les politiques des *anciens jours,* et pour les ministres d'une époque qui n'est plus la nôtre.

La grande erreur de ceux qui vantent le gouvernement représentatif, sans l'aimer au fond, et surtout sans le connaître, c'est de croire qu'il puisse s'établir sur d'autres bases que sur celles qui fondent toutes les sociétés, la religion et la justice; c'est de penser qu'il puisse se fonder dans la démocratie, et qu'il ne soit pas sujet à mille formes, selon les temps, les lieux et les mœurs. On peut être libre avec les vieilles Cortès de l'Espagne comme avec deux chambres modifiées d'après les différens principes adoptés en Angleterre, en France, en Allemagne et dans les Pays-Bas.

Ferdinand VII saura bien juger dans sa *sagesse* (13) le

----

(13) Encore une flagornerie de courtisan. Ferdinand VII ne se pique point de cette haute *sagesse*; il ne veut point que ceux qui ne le connaissent pas lui prodiguent des complimens de cette nature; ce qu'il ambitionne surtout, ce qu'il aspire à mériter, c'est le surnom de *juste*; c'est pour cela qu'il s'empresse de manifester son amour pour la *justice*, et sa répugnance pour les flatteurs. Ainsi quand vous écrirez un nouveau pamphlet, cherchez un autre moyen de vous insinuer dans l'esprit de notre monarque. Tout ce que vous avez fait jusqu'ici, c'est peine perdue; mais ayez soin de parler avec plus de précaution de nos colonies, traitez-les avec plus de ménagemens. Que savez-vous des immenses sacrifices dont l'Espagne leur fut redevable pendant la dernière guerre? Qui vous a donné le droit d'insulter le patriotisme et les vertus de cette vaste portion du globe? Vos provocations, adressées à des corps de nation, sont encore plus odieuses que si elles ne blessaient qu'un seul individu. Cette manière d'injurier collectivement suppose moins de courage et plus d'impertinence. Eh! croyez-vous rendre service à Ferdinand VII ou à l'Europe en aigrissant l'esprit des Américains-Espagnols? Heureusement votre libelle n'ira pas si loin, il est trop ennuyeux pour faire beaucoup de mal. L'Amérique prodigua ses trésors pour soutenir la cause de la mère-patrie; elle ne pouvait lui envoyer des armées. Ensuite elle a fait ce qu'a fait l'Espagne, ce qu'ont fait la France, les Pays-Bas, une grande partie de l'Allemagne, ce que fera incessámment toute l'Europe avant que le noble vicomte se lasse de déraisonner sur les faits, de combattre la nature des choses.

moment où il sera bon de fortifier son pouvoir par des institutions politiques. Quant aux colonies américaines, il était dispensé d'indulgence envers elles. Ces colonies, sans être touchées du généreux dévouement de l'Espagne, sans chercher à la défendre contre l'invasion des Français, ne songèrent qu'à profiter des embarras de leur mère-patrie pour proclamer leur indépendance. Que l'on veuille secouer le joug d'un souverain assis glorieusement sur son trône, c'est ce qu'on peut expliquer avec des passions; mais qu'on abandonne ce souverain tombé et captif, c'est ce qu'un noble caractère ne pourra jamais concevoir. Malheur au peuple qui ne sent pas la puissance de son monarque dans les fers, et qui se révolte contre cette espèce de tyrannie que l'adversité des rois exerce sur des sujets généreux!

Nous avons traité à fond l'affaire des Cortès, et démontré invinciblement que Ferdinand devait rejeter la constitution à lui présentée, sous peine de perdre la couronne et peut-être la vie. Voyons maintenant si ce monarque gouverne *mal* son royaume, et puis nous verrons s'il gouverne *seul* au gré de ses caprices.

De toutes les parties de l'administration, la plus compliquée et la plus difficile c'est la partie des finances : nous la choisirons pour notre examen. Si la sollicitude du roi d'Espagne pour la prospérité de la fortune publique est prouvée, le reste de son administration est justifié.

En Espagne, toutes les divisions des provinces et de royaume se réduisent à deux pour l'administration : on distingue seulement les provinces de la couronne de Castille, et les provinces de la couronne d'Aragon. La forme et le recouvrement des impôts varient pour ces deux grandes portions de la monarchie.

Deux autres divisions de classes embrassent presque tous les revenus du roi : l'une renferme ce que l'on appelle les *rentes générales*, qui se composent des droits d'entrée et de sortie perçus à la frontière, des droits du bureau de santé, des droits sur le sel, sur le tabac, sur les eaux-de-vie, sur le plomb, la poudre, les cartes, la cire, le papier timbré, etc.; l'autre classe, désignée sous le nom de *rentes provinciales*, comprend tout ce qui se perçoit sur les ventes des meubles et immeubles, sur les productions de la terre, sur les arts, sur les marchandises nationales et étrangères, sur les bestiaux, etc.

Des impôts isolés sur l'argent monnayé du Mexique et du Pérou, sur les revenus des terres, sur les biens-fonds affermés, sur les laines et autres objets, forment une troisième classe assez productive. Quelques provinces ont des exceptions ou des changemens d'impôts. La Biscaye les remplace par un don gratuit ; les royaumes d'Aragon et de Valence commuent le droit d'*alcabala* en un impôt nommé *l'équivalent*. Les *rentes provinciales* n'ont point lieu en Catalogne, et sont suppléées par des taxes diverses. Les revenus domaniaux, les droits de chancellerie, les taxes sur les biens du clergé, augmentent encore les finances de l'état. Leurs produits réunis s'élevaient, en 1807, à la somme de 194,257,512 fr. Ce revenu serait absorbé par la dette publique qui s'élève à la somme de 1,800,000,000 réaux, si une partie du papier connu sous le nom de *vales reales* n'avait plus de valeur; l'autre partie, qui circule encore dans le commerce pour la somme de 400,000,000, perd 85 pour 100.

D'autre part, le revenu net des colonies, se montant à trente-six millions, ne rentre plus au trésor, ou du moins n'y rentre qu'en très-petite partie. Tout cela n'est pas la faute de Ferdinand. Il n'a cessé de faire les plus grands efforts pour rétablir le crédit public : il avait adopté, pour toutes les provinces de son royaume, et pour toutes les propriétés, un plan uniforme de finances que lui avait présenté M. Garay. Ce plan ressemblait à celui que M. de Machault avait imaginé sous Louis XV, et qui, s'il eût été exécuté, aurait peut-être ôté tout prétexte à la révolution. Le projet de M. Garay a rencontré des résistances qu'il a été impossible de vaincre; et Ferdinand, obligé de renoncer pour un moment à une réforme *générale*, a donné son attention aux *détails*.

C'est un fait constant que l'industrie, surtout en Catalogne, a pris un accroissement considérable par les soins et les réglemens du roi. On n'avait jamais imposé aucun droit sur les grains importés en Espagne : Ferdinand, afin de favoriser l'agriculture, a imposé vingt réaux de vellon (à peu près cinq sols de France) par quintal castillan sur toute sorte de blé. Il en résulte que les blés de la Castille et autres provinces de l'intérieur, qui n'avaient point de débouchés, sont parqués dans les ports de la Galice, et convoyés par mer jusqu'en Catalogne. Il y a encore d'autres ressources à tirer de l'agriculture en Espagne : l'impôt foncier, par exemple, est resté dans plusieurs provinces tel qu'il était du temps de Ferdinand et d'Isabelle, de sorte qu'il y a des terres qui produisent vingt-cinq mille livres de rentes, et qui ne paient que quatre-vingt-cinq francs d'impôts.

Tandis que toute importation franche de comestibles était autorisée en Espagne, cette même Espagne défendait l'exportatation de ses huiles. Ferdinand a fait cesser cette mesure qui peignait si naïvement la paternité des anciens rois, mais qui n'était plus en rapport avec la fiscalité du siècle. Il a permis l'exportation des huiles, et ses sujets vendront la denrée qu'ils ne pouvaient consommer.

Une branche de commerce se plaint-elle? Ferdinand accueille toutes les plaintes, et descend dans les plus petits détails. Par exemple, des fabricans de la Catalogne ayant réclamé contre la sortie du liége en planche, lequel passait en Angleterre, on a levé sur ce liége une taxe de six piastres par quintal (trente francs de France). La Grande-Bretagne est forcée aujourd'hui de prendre cette denrée ouvrée.

Ces différentes améliorations du système financier établi par Ferdinand, pourraient nuire au commerce de nos provinces limitrophes de l'Espagne. Notre ministère ne sait peut-être pas un mot de tout cela : quand nous aurons des hommes d'état à la tête du gouvernement, ils verront si un traité de commerce avec l'Espagne ne serait pas une chose utile. Les rapports entre les individus des deux nations sont meilleurs qu'ils ne l'ont jamais été : on doit cette harmonie à la réception, pleine de charité, que nous avons faite aux prisonniers espagnols. En vain Buonaparte avait voulu changer notre nature : il était hors de son pouvoir de nous empêcher d'être chrétiens, d'être touchés du malheur, et charmés du courage. Cette piété et ce caractère, nous les tenons de nos aïeux : il nous reste un capitulaire de Louis-le-Débonnaire, de l'année 816, qui accorde des terres aux Espagnols victimes de l'invasion des Maures.

Nous devons noter ici une chose importante, et qui prouve combien la Providence, lorsqu'elle veut conserver, fait sortir le bien du mal. L'Espagne a été privée du revenu de ses colonies; elle a été frappée de contributions militaires, Joseph a dilapidé ses finances, et accru sa dette : il arrive pourtant que le numéraire est assez abondant en Espagne. D'abord les contributions militaires, le pillage des maisons et des églises, n'a enrichi que quelques fournisseurs, et enlevé peu de trésors à l'Etat : beaucoup d'ornemens d'églises qu'on croyait d'or, n'étaient que de cuivre doré. Quant aux contributions, elles étaient mal payées, car elles ne tombaient que sur les pauvres. A l'approche des Français, les propriétaires et les négocians s'enfuyaient :

à Barcelonne il ne resta que le dixième de la population. Ensuite Buonaparte a rendu plus d'argent en Espagne, que ses armées n'en ont pris : il y a porté deux cents millions. Notre argent y était si commun, que pendant les six mois qui ont suivi la restauration des deux monarchies, tous les paiemens d'Espagne en France s'effectuaient en monnaie de France.

Voilà ce que Ferdinand a fait pour l'industrie, l'agriculture et les finances de l'Espagne. Voyons s'il a renversé les institutions, et mis sa volonté en place et lieu de toutes choses.

Nous trouvons au contraire qu'il a tout *respecté*, tout *conservé* (14). La monarchie de Ferdinand VII, sur

____

(14) Belle conséquence, en effet! Ainsi, après avoir cherché si péniblement à nous prouver que Ferdinand VII avait eu raison de ne point reconnaître la *constitution, ni aucune des mesures adoptées pendant son absence*, vous finissez par nous dire qu'il a tout *conservé*, tout *respecté*. Ah! si vous *conserviez* vous-mêmes quelqu'espèce de sens, vous vous épargneriez des contradictions aussi déplorables. Mais vous avez votre manière de raisonner qui vous est propre. Arrêtons-nous seulement à ce que vous dites au sujet des *conseils suprêmes de Castille* et des *Indes* auxquels il vous a plû d'attribuer un DROIT de représentation. Le vicomte et les siens accorderaient le *droit* de *représentation aux Cafres* plutôt qu'aux députés du peuple. Quelle idée du *droit de représentation* nationale se ferait quiconque l'attribuerait au *conseil de Castille*, ou bien aux anciens parlemens de France? Nous n'entrerons dans aucune explication sur ceux-ci; il suffit de renvoyer nos lecteurs à l'abbé Mably, qui prouve, l'histoire à la main, quelle était la *représentation* déléguée à ces cours de justice, malgré tous leurs efforts pour s'emparer de cette grande prérogative. Telle a été aussi la tendance habituelle du conseil de Castille, dont l'origine, *loin de se perdre dans la nuit des temps*, ne remonte qu'à l'époque des *rois catholiques* (Ferdinand et Isabelle) pour ce qui est de la formation primitive, et à Philippe II, pour sa composition actuelle.

Ce conseil n'est et n'a jamais dû être qu'un tribunal suprême d'appel, ou tout au plus une *junte permanente de consultations*, sous les ordres immédiats du souverain. Ses attri-

notre continent et outre-mer, est régie par deux conseils : l'un appelé conseil de Castille pour les vieilles Espagnes ; l'autre, conseil des Indes pour les colonies. L'origine du conseil de Castille se perd dans la nuit des temps ; la forme de ce conseil a été régularisée par Charles-Quint en 1518, et par Philippe II, en 1588. Il se compose de cinq chambres ou salles ; il est à la fois conseil d'administration et tribunal souverain pour certaines causes : il a aussi des attributions politiques. Ces attributions se concentrent dans une commission de ses membres, qui prend alors le nom spécial de Chambre de Castille. La Chambre de Castille a le droit de remontrance, comme nos anciens parlemens ; elle tient la feuille des bénéfices, s'occupe des lettres de grâce, et convoque les Cortès pour la prestation de l'hommage aux rois. On lui donne, dans les placets, le titre de *Sire* et de *Majesté*, comme marque de son autorité souveraine.

Le conseil royal et suprême des Indes, pour les

---

butions sont très-importantes, sans doute, nécessaires, augustes, si vous le voulez ; les membres qui le composent possèdent des lumières ; ils aiment la justice ; ils ont les meilleures intentions ; leur conduite est irréprochable ; mais ils n'exercent aucune *représentation nationale*. Leur vote dans les affaires publiques est le vote d'un simple fonctionnaire ; et la toge dont ils sont revêtus n'est que la robe d'un magistrat.

Quelle garantie pourrait donc offrir le conseil de Castille *contre l'action de l'autorité suprême qui voudrait employer l'arbitraire ?* nous avons vu souvent cette même *autorité* exiler, *destituer*, jeter dans les prisons publiques MM. les conseillers de Castille, sans daigner seulement en expliquer le motif. Nous avons vu réformer d'un seul coup *vingt-un* membres de ce conseil suprême, dont les opinions avaient eu le malheur de n'être point agréables à la cour : et, finalement, nous avons vu le conseil tout entier devenu suspect à la nation, forcé de publier un *manifeste* justificatif, qui ne satisfit pas tout le monde. Or, quelle est donc cette *représentation*, et quel est ce *pouvoir*, pour oser lutter contre le pouvoir exécutif ? Que l'ignorance du vicomte est grande !

colonies, ressemble en beaucoup de points au conseil de Castille. Etabli en 1511, par Ferdinand et Isabelle, il est divisé en trois salles : deux d'administration, et une de justice. Ses membres sont : un grand-chancelier, un vice-chancelier, un major, un trésorier, quatre *contadores*, vingt et un conseillers, deux fiscaux, deux secrétaires et plusieurs greffiers. Il connaît de tout, même de la paix et de la guerre dans les Indes occidentales.

Donc, quand les démocrates prétendent que Ferdinand VII gouverne *seul* au gré de ses caprices, c'est, comme on le voit, la plus grossière ignorance et le mensonge le mieux avéré. Dans l'absence des Cortès, comme autrefois nos parlemens dans l'absence des états-généraux, les deux grands conseils de l'Espagne ont les droits et les pouvoirs suffisans pour prévenir l'action trop arbitraire de l'autorité suprême.

Nous avons versé sur l'Espagne tous les fléaux (15) : si l'on a le droit de juger son gouvernement avec rigueur, certes ce n'est pas à nous que ce droit appar-

(15) Nous voici à l'épilogue du pamphlet et à l'aimable apostrophe que Chateaubriand adresse à ses compatriotes. Là se trouve au moins une vérité; c'est-à-dire, qu'il n'appartient pas aux Français d'intervenir dans les affaires des nations étrangères, pas plus qu'à celles-ci de se mêler des affaires intérieures de la France. Si l'Espagne, dans une certaine occasion, n'eût pas pris une part aussi active qu'imprudente aux troubles de la révolution française, elle aurait évité d'immenses malheurs et beaucoup d'humiliations. Cette faute de notre cabinet entraîna des maux qui ne sont point encore réparés. Aujourd'hui même, nous voyons avec peine et surprise la marche rétrograde de la liberté chez nos voisins, et les usurpations journalières du ministère. Nous faisons sans doute des vœux contraires à cette marche, parce que nous voudrions le bonheur de tous les hommes; mais nous ne publions pas des brochures incendiaires contre l'un ou l'autre parti ; nous nous bornons à repousser les efforts de quelques mal-avisés qui voudraient aussi étouffer les lumières dans notre patrie.

tient; par décence, au moins, nous devrions nous taire. Ferdinand VII n'est occupé qu'à soulager les souffrances de ses sujets : il est assez étrange que nous nous donnions les airs de critiquer l'appareil qu'il met sur les blessures que nous avons faites, et que les auteurs du mal prétendent en administrer le remède.

  Quelle que soit la politique de Ferdinand VII (politique qu'il a cru devoir suivre, et qu'il n'appartient à personne de juger), la paix de l'Espagne importe à la paix du monde. Si la légitimité était en péril au-delà des Pyrénées, elle serait également menacée dans le reste de l'Europe. La révolution a dû apprendre aux rois que leurs trônes sont solidaires. Les révolutionnaires s'entendent en tout pays; ils ont partout les mêmes intérêts et les mêmes doctrines. Les hommes monarchiques des diverses nations, doivent imiter cet exemple; ils doivent se prêter un mutuel appui. Il convient surtout aux chrétiens de soutenir les vieux chrétiens de la vieille Espagne. Que les princes, que les peuples n'oublient jamais qu'ils doivent leur affranchissement aux descendans des compagnons du Grand-Capitaine. L'Espagne a été la Vendée de l'Europe; elle a conservé la légitimité européenne, comme la Vendée a conservé la légitimité française. Il faut que l'Espagne reprenne son rang, il faut que son poids se fasse sentir dans la balance politique; il faut, à cet effet qu'elle puisse reconquérir ses colonies auxquelles elle pourra accorder, quand il en sera temps, une administration plus conforme à l'état moderne de la civilisation. L'Angleterre doit faire cesser un scandale: il n'est pas de sa justice et de sa dignité de souffrir qu'un pair de la Grande-Bretagne devienne un chef de forbans. Sil était vrai qu'un hôtel fût ouvert à Londres, et qu'on enrôlât publiquement pour le service des insurgés espagnols; s'il était vrai que deux millions en pièces de cuivre, eussent été frappés en Angleterre, pour la république de Buénos-Ayres, laquelle les aurait payés en piastres, ce serait un grand malheur. La France commit la même faute lors de la guerre américaine; trente années de désastres ont à peine expié pour nous cette violation du droit des nations. Quiconque verrait aujourd'hui les intérêts des peuples dans des intérêts de commerce, serait peu de chose. Ah! que les vaisseaux pourrissent dans les ports, pourvu que la société soit sauvée du naufrage !

Au reste, si l'Europe méconnaissait assez sa position politique pour être indifférente aux destinées de l'Espagne, nous sommes persuadés que l'Espagne, abandonnée à elle-même, parviendrait encore à se rétablir. La religion, dans ce pays, a montré ce qu'elle pouvait faire par ses propres forces. C'est au-delà des Pyrénées qu'on a vu la lutte à jamais mémorable du monde d'autrefois et du monde d'aujourd'hui : l'Hercule chrétien a posé ses colonnes devant les flots de la révolution, et il a pu y graver le *Nec plus ultrà*.

Un trait distinctif de nos réformateurs modernes, c'est l'ignorance : la tête barbouillée de quelques idées politiques puisées à des sources corrompues, ils n'ont jamais calculé les résistances morales et religieuses, ni connu le rapport des lois civiles avec les lois politiques. De là leur profond étonnement quand ils sont obligés de combattre la force, là où ils pensaient n'avoir à opprimer que la faiblesse. Lorsqu'ils entrèrent en Espagne à la suite de nos armées, ils n'y voulaient voir qu'un troupeau de mendians, conduit par des prêtres fanatiques; ils disaient (et nous les avons entendus) qu'avec quatre hommes et un caporal, ils mettraient tout ce peuple à la raison. Qu'en pensent-ils maintenant?

Il sied mal à ces Brutus qui n'ont fait que se courber sous tous les jougs, d'affecter du mépris pour un peuple qui donna à l'Europe le signal de l'indépendance.

Hommes libres, dans quelle division de la police serviez-vous, lorsque ces moines, objets de vos risées, se faisaient tuer sur les remparts des villes pour la liberté de leur pays ? Tandis que nos soldats montaient à l'assaut, vous assiégiez philosophiquement quelques tabernacles ; vous emportiez les vases sacrés, afin de détruire la superstition et l'erreur. Et pourtant ces calices avaient été remplis d'un sang qui demande grâce pour les hommes couverts du sang des martyrs !

Non : les fausses doctrines ne prévaudront point dans la patrie de la Reine Blanche, de la mère de notre saint Roi ! Les efforts de nos révolutionnaires viendront se briser contre le dernier boulevard de la chrétienté. L'Espagne se sauvera par la force de sa loi civile, par ses classes aristocratiques, par ses institutions municipales, et surtout par son esprit religieux qui la rend propre à toutes les libertés raisonnables, comme à tous les genres de gloire. Le caractère espagnol est à la fois grave et passionné ; il a quelque chose de pompeux et de résigné, comme le christianisme qui le forma dans ses fêtes, et le soumit à ses sacrifices. Le peuple de Pélage est le pauvre de l'Évangile : il est nu ; il demande l'aumône, mais il a le sentiment de sa haute origine ; il sait qu'il est l'immortel héritier d'un royaume impérissable. De là sa juste fierté, et sa patience jamais lassée. On disait à un prisonnier espagnol que ses compatriotes ne se délivreraient point des Français. « Nous avons mis, répondit-il froidement, » huit cents ans à chasser les Maures. » Que ne peut-on pas faire avec de pareils hommes, avec des hommes qui se comptent individuellement pour rien, et qui ne se regardent vivans que dans la société dont il font partie ? Un pareil instinct de durée fit toute la puissance de Rome. La Ville Éternelle semble avoir légué son éternité et sa grandeur à l'illustre colonie romaine qui donna Trajan à la terre.

Nous traversâmes l'Espagne en 1807 : elle était sourdement agitée. Nous eûmes lieu de remarquer ce que peut un favori de la fortune pour la destruction d'un pays. Peu de temps après cet homme disparut, et les malheurs qu'il avait préparés arrivèrent : l'Espagne, au moment du danger, retrouva sa vertu. Le voyageur n'ira plus aujourd'hui admirer l'héroïsme et la fidélité sur les ruines de Sagonte ; il lui suffira de s'arrêter à Saragosse.

Le vicomte de CHATEAUBRIAND.

POST-SCRIPTUM.

CETTE réfutation était sous presse, lorsqu'il nous est parvenu un autre cahier du *Conservateur*, du mois de mars de cette année. Nous y avons découvert une lettre sur Paris, écrite par M. le baron Trouvé, dans laquelle il décrit la cérémonie de la translation du corps de S. A. R. le duc de Berry au Panthéon de Saint-Denis. M. le baron profite de cette douloureuse circonstance pour extraire, autant que possible, le venin contenu dans l'oraison funèbre de Monseigneur de Quélen, coadjuteur de son éminence le cardinal archevêque de Paris. Il ne nous convient pas d'entrer dans l'examen du discours de ce prélat ; il serait d'ailleurs au moins imprudent de vouloir le juger sans l'avoir tout entier sous les yeux. Mais si M. Trouvé n'a pas altéré le texte dans les deux citations qu'il rapporte, il nous paraît difficile de fournir une preuve plus convaincante de l'abus qui peut être fait du ministère de la parole évangélique. On sait toute la latitude qu'une oraison funèbre laisse pour l'emploi des figures de rhétorique ; mais nous ne croyons pas qu'il soit permis de s'y livrer à des déclamations politiques, et de convertir l'éloge d'un prince qui mourut avec le pardon à la bouche, en proclamations sanguinaires. Certainemeht le moderne panégyriste est un peu loin de l'esprit et des talens de l'immortel Bossuet.

Quoiqu'il en soit, on n'aurait pas cru qu'une circonstance aussi touchante et mélancolique fournirait au baron Trouvé le prétexte de se déchaîner contre plusieurs généraux espagnols de qui l'honneur, le patriotisme, et la réputation militaire semblaient avoir peu à redouter de pareilles atteintes. Les noms de *Ballesteros*, de *Mina* et de quelques autres sont placés à une telle élévation, relativement au baron Trouvé qu'il est vraiment inconcevable de voir celui-ci leur adresser les infâmes qualifications de *traitres* ou de *rebelles*. A la vérité si, dans une attaque aussi inconvenante, il était permis de ne voir que l'obscur personnage et l'opinion isolée de M. *Trouvé*, on dédaignerait de la réfuter, le caractère et le nom du provocateur nous dispenseraient d'en prendre la peine. Mais sa lettre est la récapitulation des principales assertions de Chateaubriand auquel nous avons cru devoir déjà répondre ; il faut donc accorder quelques mots à son pâle copiste.

Non seulement est grande la joie qui règne parmi certaines gens, M. le Baron, *mais cette joye est inexprimable*, sans ressembler pourtant à celle des *ultra* qui verraient couler par torrens le sang de leurs concitoyens. Le *triomphe* de ce que vous appelez les *fausses doctrines* a été complet, et l'on ne saurait prévoir où il s'arrêtera. Ferdinand VII notre souverain bien aimé a sanctionné cette *démocratie couverte du manteau royal*, et loin *d'être avili*, ni *détroné*, il ne se tient pour roi vraiment légitime que depuis le neuf mars dernier. Il y a un mois aujourd'hui qu'il a le bonheur de voir la nation espagnole prosternée devant lui, pénétrée d'amour, de respect et de reconnaissance. Vous sentez qu'il serait désormais assez imprudent de vouloir nous séparer de notre auguste monarque, et de chercher en aucune manière à troubler cette heureuse union. Nos corps lui servent de remparts. Nos cœurs, notre pensée, veillent à sa défense, nous sommes identifiés avec sa personne sacrée.

Les clameurs de l'esprit de parti étouffent chez vous la voix de la raison ; nos guerriers ne seront jamais punis de leurs services militaires, parce qu'en Espagne la loi gouverne, et les factions ne peuvent rien sur nos magistrats.

Notre pacte social n'est pas plus l'ouvrage des *ultras royalistes* que des *républicains :* les conditions en sont avantageuses au monarque, et ne menacent point son autorité légitime. M. de Chateaubriand l'a aussi mal compris que vous, parce que vous avez mis l'un et l'autre dans cette lecture toute la passion dont vous êtes animés. Notre conquête est magnifique ; l'Europe entière sera heureuse si elle imite notre exemple. M. de Pradt la juge mieux que vous, quand il la porte jusqu'aux nues, et quand cet illustre écrivain n'aurait d'autre mérite que celui d'avoir consacré sa plume à la défense des principes favorables à l'humanité, et d'avoir exactement prévu les grandes choses dont nous sommes témoins ; c'est assez pour sa gloire : tandis que vous et Chateaubriand, et vos autres compagnons de ténèbres, vous n'exciterez jamais que le mépris des *honnêtes* gens, dont il n'y a que votre imprimeur qui vous confère le titre.

NOTE.

Nous avons cru faire plaisir au lecteur en insérant ici un article du Constitutionnel (11 février de cette année), relatif au pamphlet de M. de Chateaubriant. L'auteur de cet article l'a donné au public. Il nous pardonnera de le reproduire. Ses réflexions précédèrent celles de l'écrivain espagnol, et commencèrent à fixer les idées sur le mérite des assertions du noble vicomte.

M. de Chateaubriand n'a pas, quoi qu'on en dise, toujours suivi la ligne droite de M. le comte Ferrand. Il a salué le *berceau qui contenait les destinées du monde.* Ce sont, je crois, ses propres expressions, car il s'est toujours mêlé de prédire. Mais *l'homme de bruit n'estimant* point assez la prose poétique, M. de Châteaubriand s'imagina qu'il y avait persécution là où il n'existait que de l'indifférence..... La restauration arriva..... M. le vicomte put alléguer qu'il s'était purifié dans les eaux du Jourdain ; il devint le plus ardent accusateur des temps passés, dont il avait partagé tour-à-tour les folies et la servilité. Ministre d'état, pair de France, pélerin, journaliste, prophète et chevalier du Saint-Sépulcre, il a pris tout-à-coup une telle idée de sa supériorité relative, qu'il n'y a plus que de *petits pédans* à ses yeux ; le parti qu'il embrasse devient par ce fait le *plus nombreux,* le *plus fort,* et surtout le *plus habile.* Accordez-lui six hommes par département, et la France est sauvée. La collection de ses brochures sert de bréviaire à tous les hommes d'état ; et la Sainte-Alliance attend les articles du *Conservateur* pour savoir ce qu'elle doit faire. Quel homme que M. le vicomte de Châteaubriand! Oh! vraiment il n'y a que de *petits pédans* à côté de lui.

Ce fut l'an de grâce 1807, qu'en revenant de la Palestine, il fit l'honneur à l'Espagne de la traverser de Cadix à Irun, en courant la poste à franc étrier. Aussi voyez comme il nous parle avec assurance des hommes et des choses de la péninsule! Quelques journaux ont réimprimé mot à mot l'article du noble pamphlétaire. Dignes, par leur superstitieux dévouement

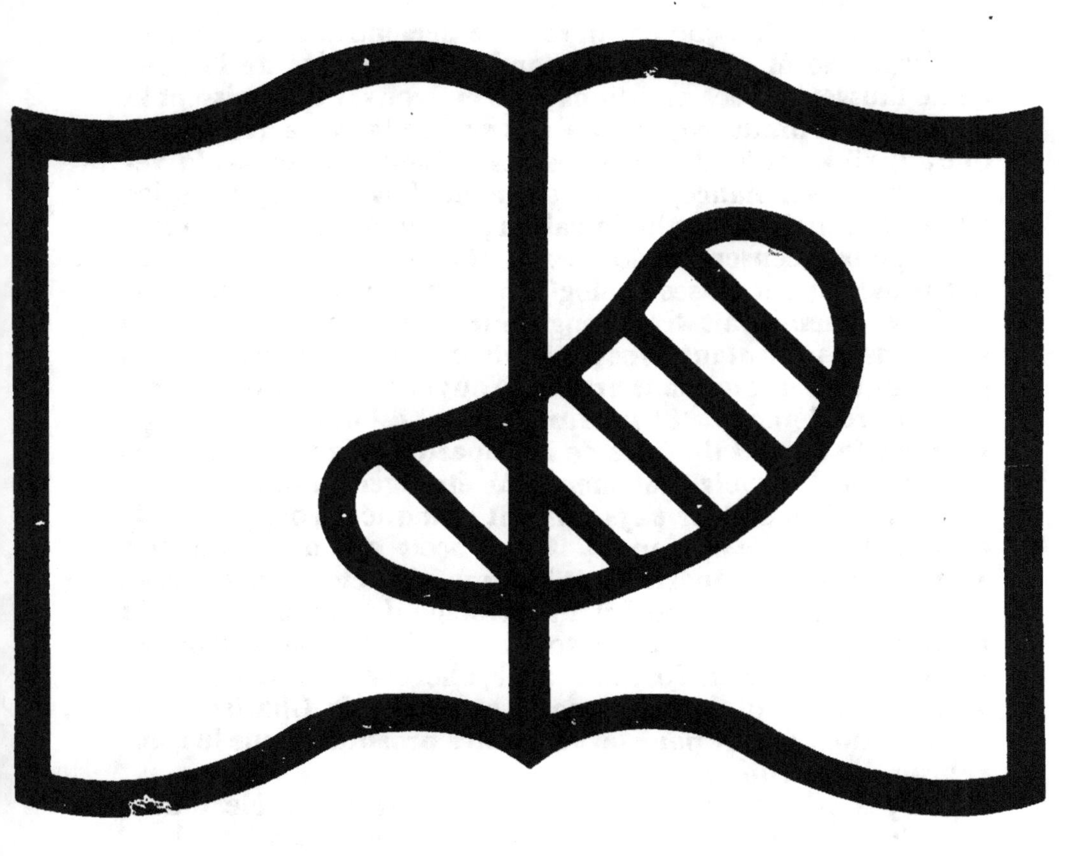

Original illisible

NF Z 43-120-10

de professer le culte du Grand Lama, nos bénévoles confrères ont copié jusqu'aux fautes d'impression, qui du reste ne gâtent rien à la pureté du style de l'original.

Il serait possible que parmi tant de personnes embarrassées des éloges de M. de Chateaubriand, ou révoltées de l'impudente fausseté de ses assertions, il s'en trouvât qui prissent la peine de lui prouver qu'il n'a pas su lire la carte géographique, qu'il a confondu les dates des événemens, blessé la vérité, la vraisemblance, et même quelquefois les simples règles de la grammaire, insulté la raison, les convenances, le malheur, pour encenser impétueusement un souverain qui ne sera pas plus content de ses apologies qu'il ne profitera de ses avis.

Cet examen serait trop long pour nous. Nous ne voulons que causer un instant avec M. le vicomte au sujet de certains passages de son étonnant article. Nous choisissons au hasard.

« Le troisième parti (les *Josephinos*) est une petite troupe
» attachée au sort du frère de Bonaparte ; il faut les plaindre
» en général d'avoir également été étrangers aux défauts et
» aux qualités de leur pays : ils ont manqué à l'orgueil *natif*
» et à la fidélité *nationale.* On conçoit qu'on ait pu être
» trompé par Bonaparte : cet homme qui, etc. : cet homme,
» disons-nous, avait en lui un principe de séduc ion ; en le
» servant, on pouvait croire servir la gloire ; mais *trahir son*
» *pays* pour servir Joseph ! aller chercher un *Claude* en
» Corse, pour lui donner avec la couronne de Charles V, le
» glaive du *Cid*, et pour lui livrer des prostituées sur le tom-
» beau de *Chimène...* »

Il n'y a pas ici une seule expression qui ne décèle tout le désordre de l'esprit de l'auteur, une insigne mauvaise foi, et qui ne soit presque un éloge de Bonaparte ou l'excuse de ceux qui l'ont servi ; tant le souvenir d'une courte existence diplomatique est encore vivant au fond du cœur du *secrétaire du cardinal Fesch !*

D'abord pour fixer le nombre des Espagnols désignés sous le nom de *Josephinos,* il eût fallu déterminer les époques. Où M. le vicomte commence-t-il à les voir ? Est-ce à la junte de Bayonne, en 1808 ? C'est là que Joseph fut reconnu , et la nouvelle constitution jurée et proclamée ; mais les principaux chefs de la noblesse, les députés de tous les conseils suprêmes, voire même ceux de la sainte inquisition, des hommes de toutes les classes et corporations éminentes, les personnages les plus distingués de l'Espagne concoururent à cette assemblée. En cette circonstance toute la péninsule eut l'air d'être *Joséphine.*

Serait-ce à l'entrée du frère de Bonaparte à Madrid, en

Janvier 1809 ? Mais toutes les villes et villages soumis à l'influence française, et vingt-deux mille habitans de la capitale, lui prêtèrent serment et le gardèrent tant qu'il fut le plus fort. Ainsi le nombre des *Josephínos* se composait alors de près des deux tiers de la nation espagnole.

M. le vicomte n'a-t-il réservé, pour sa troisième catégorie, que les malheureux réfugiés qui sont venus en France ? C'est poignarder un cadavre; ils étaient d'abord six ou sept mille. La faim, le duc de Feltre et les déclamations de MM. de Bonald et Clausel de Coussergues, l'un conseiller de l'université, l'autre magistrat et législateur sous le règne de Bonaparte, les ont effectivement réduits à quinze cents à peu près (a). M. de Chateaubriand a raison de dire que ce faible reste ne forme qu'une petite troupe : le temps et la misère auront bientôt achevé de les faire disparaître.

Cependant à aucune de ces trois époques, nul Espagnol, ni *Josephín*, ni de tout autre parti, ne songeait à *chercher un Claude en Corse*. Ce fut au contraire un Corse déjà maître de la France, un Corse dont le pape avait orné le front du diadème impérial, à qui l'empereur d'Autriche avait donné sa fille, et fort d'un million de soldats victorieux dans toute l'Europe, qui voulut imposer son frère à l'Espagne, à l'Espagne surprise, désarmée, victime d'une foule d'intrigues déplorables, auxquelles jamais aucun Espagnol, *Josephín* ou *libéral*, ne fut soupçonné d'avoir eu la moindre participation.

Après les vicissitudes d'une guerre à la fois civile, étrangère, politique et religieuse, quelques hommes d'honneur se crurent obligés de tenir à des sermens dictés par un sage patriotisme, autorisés par l'exemple et les ordres de leurs propres monarques : comment le vicomte de Chateaubriand ose-t-il les accuser d'avoir été étrangers *à l'orgueil natif et à la fidélité nationale !*

Si donc le fougueux dénonciateur en veut aux premiers *Josephinos* de Bayonne, c'est à l'embassadeur actuel de S. M. catholique à Paris, M. le le duc de Fernan-Nunès, cinq fois grand d'Espagne, à lui répondre au nom des illustres signataires de la constitution proclamée dans cette ville. Son Exc. a mis son nom au bas de cet acte solennel, comme toute la cour de Ferdinand VII.

Si M. le vicomte accuse les *Josephinos* durant le séjour du frère de Bonaparte, en Espagne, la moitié du royaume est flétrie; des milliers de pères de famille auront beau exposer

---

(a) Il en reste seulement 1173, y compris les femmes et les enfans.

qu'il n'est pas donné à chacun d'abandonner volontairement sa femme, sa famille, ses foyers, pour aller attendre dans l'exil, le moment de rentrer chez soi les armes à la main, sous la protection des baïonnettes étrangères : la plupart des habitans de la péninsule se virent dans cette alternative.

Si, finalement, M. le vicomte ne s'adresse qu'aux seuls refugiés dont la France a recueilli le naufrage après la déroute de Vittoria, il est aussi lâche que perfide de leur reprocher ajourd'hui *d'être attachés à la fortune du frère de Bonaparte* qu'ils n'ont jamais reconnu qu'en sa qualité de roi d'Espagne, lorsque tous les rois de l'Europe, à l'exception de celui d'Angleterre, avaient des ambassadeurs auprès de lui ; Ferdinand VII les a retrouvés à ses pieds à son retour en Espagne pour lui rendre l'hommage d'une fidélité dont l'interruption momentanée ne saurait être imputée à qui que ce soit d'entre eux.

Nous ne releverons pas successivement tout ce qu'il y a d'absurde et de matériellement faux dans les considérations préliminaires ou générales de M. de Chateaubriand. Le gouvernement du roi est outragé sans mesure ; les libéraux de France sont calomniés sans pudeur ; tout cela peut réjouir excessivement les abonnés du *Conservateur*; il n'y a qu'un certain journal qui doive en éprouver quelque jalousie (*a*).

Laissons M. de Chateaubriand déraisonner sur l'état physique et moral de l'Espagne ; qu'il donne aux blés de la Castille un débouché dans les ports de la Galice qu'il partage arbitrairement en deux provinces ; c'est-à-dire, qu'il fasse voyager des grains à dos de mulet à des distances énormes, dans un pays où les transports sont si difficiles que le littoral du nord et du midi est forcé de tirer ses approvisionnemens du fond de la mer Noire, ou des Etats-Unis d'Amérique, plutôt que des provinces limitrophes de l'intérieur ;

Ne lui demandons pas quel est ce *capitaine général* d'une espèce toute nouvelle, qui donne des ordres à la fois dans *la Catalogne, l'Aragon, la Navarre, et la Biscaye ;* quoiqu'un capitaine général espagnol ne soit que simple gouverneur d'une province particulière ;

Que sa féconde imagination établisse à volonté des fabriques de draps en Andalousie et dans le royaume de Valence ; on peut tout au plus lui faire observer à cet égard qu'il a dû représenter les Espagnols *tout nus*, s'ils n'ont pas d'autres fabriques qui leur fournissent des vêtemens;

(*a*) On croit qu'il est ici question du journal de M. Martainville.

Qu'il mutile à son gré l'administration espagnole, en réduisant à deux conseils suprèmes (celui de Castille et celui des Indes) le nombre de ces grands tribunaux dont il ne connait pas les diverses attributions; il n'avait qu'à jeter un coup-d'œil sur l'Almanach de la cour de S. M. catholique, il aurait trouvé sans peine le conseil des finances, le conseil de la guerre, le conseil des ordres militaires, la chambre des comptes, etc., qui tous occupent assez de places et d'individus;

Qu'il soutienne enfin que le roi ne gouverne pas *seul*, parce qu'il a des tribunaux et des conseils, tandis que S. M. nomme et révoque à son bon plaisir les membres de ces conseils et de ces tribunaux, et qu'elle se réserve toujours le droit de confirmer, de modifier et d'annuller les jugemens, ainsi que celui de rejeter les *consultations*.

Nous ne finirons pas cet article sans dire un dernier mot sur l'épée du *Cid*, anciennement dite la *Tisone*, et si burlesquement mise en scène par M. de Chateaubriand. Si cette fameuse *lame* existait quelque part, c'est probablement à Burgos, où reposait la cendre du vieux guerrier castillan et de *Chimène* sa noble épouse. Or, cette ville ayant été le théâtre et le prix d'une victoire remportée dans les premiers jours de décembre 1808, par Bonaparte en personne, tout dut appartenir au vainqueur. C'est donc uniquement de la main de son frère, et non de la générosité des prétendus *Josephinos*, que Joseph a dû recevoir cette épée, ainsi qu'il en avait reçu la couronne d'Espagne. M. le vicomte aurait-il confondu encore une fois les hommes et les époques ? Il y a eu quelque chose dans ce genre, et le voici;

Murat fut à peine entré dans Madrid à la fin de mars 1808, que Ferdinand, tout récemment élevé sur le trône, fit porter l'épée de François I.er au lieutenant de Bonaparte. Le comte d'*Altamira*, grand écuyer de la couronne, et le duc *del Parque*, capitaine des gardes-du-corps, furent chargés de cette amicale restitution. Ce dernier s'acquitta de la partie oratoire du message : « Le roi, mon maître, dit-il en très-bon » français, envoie cette épée à votre altesse impériale et » royale, et la prie de vouloir bien la reprendre, afin qu'il » n'existe plus de traces des anciennes inimitiés qui divisèrent » autrefois deux nations unies par la nature et par un intérêt » mutuel. » Mais il n'y eut à cette occasion ni bassesse, ni violence. Ferdinand VII régnait. La protestation de son auguste père n'était pas connue dans le public. Le jeune souverain ne faisait qu'ajouter une nouvelle preuve à celles qu'il avait données de sa déférence pour Bonaparte, en sollicitant pour son compte une alliance avec la famille impériale.

Il n'a pas été autrement question d'épée ni de glaive. Quant à l'affaire des *prostituées*, nous devons ignorer tout ce qui tient à la chronique scandaleuse contemporaine. Sur ce chapitre et sur celui des *favoris* qui *perdent les états*, le noble vicomte est bien le maître d'écrire ce qu'il jugera convenable. Cette double calamité date, dans chaque pays, d'une époque antérieure à la guerre d'Espagne. C'est aux hommes *des anciens jours* à justifier les régimes qui ont donné les premiers scandales de cette nature : la matière est digne des pinceaux et de la *sincérité* de M. de Châteaubriand ; mais nous ne croyons pas que ces révélations produisent à Madrid, ni même ailleurs, l'effet que le *Journal des Débats* se promet de l'article sur l'Espagne dont il s'est enrichi par voie de *supplément*.